ciné-faune

LE MARINGOUIN

Illustrations: Doris Barrette
Texte: Michel Quintin

ÉDITIONS
MICHEL
QUINTIN

Dans certains pays on l'appelle cousin.
Dans d'autres, moustique ou maringouin.

3

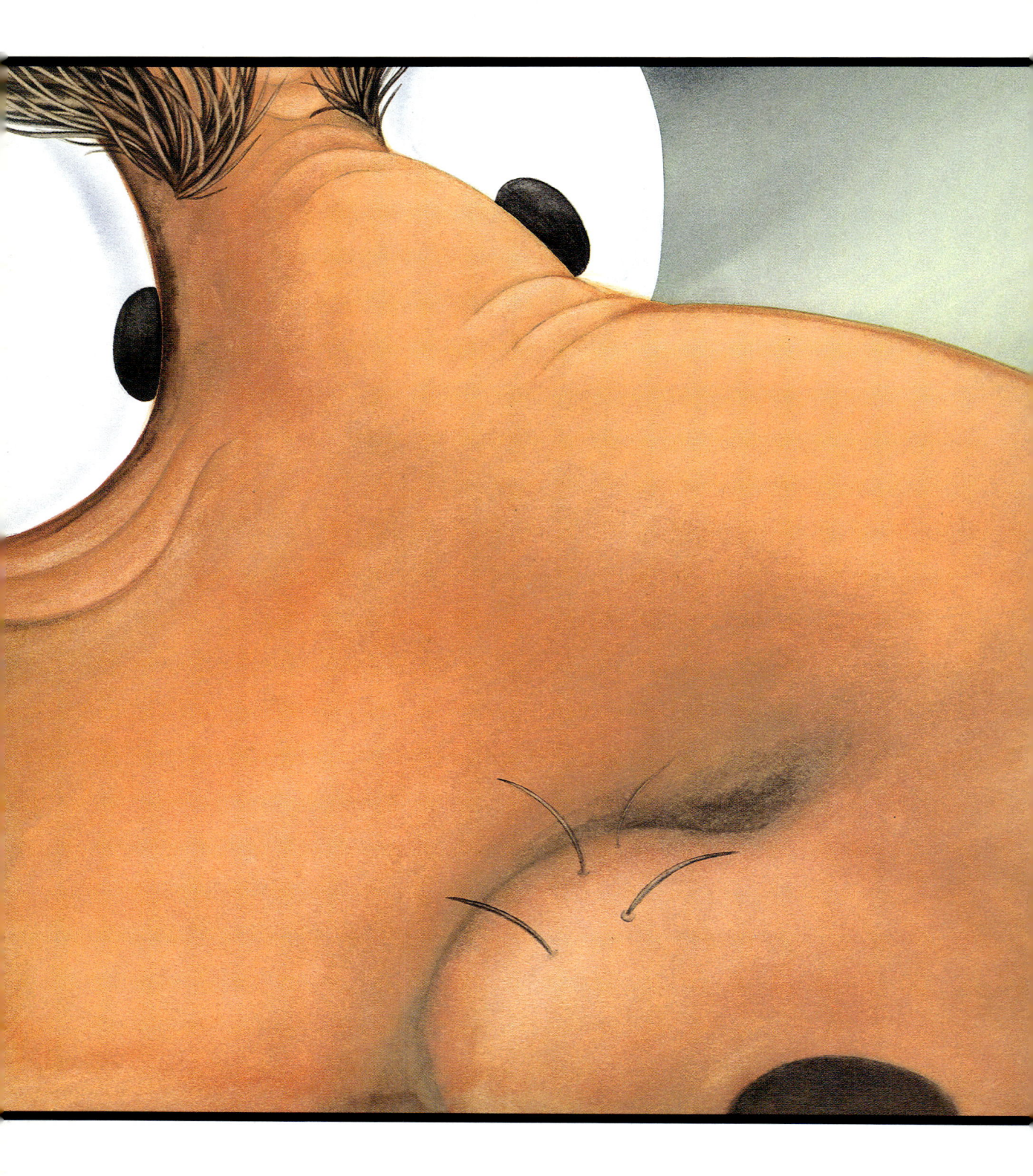

Seule la femelle du maringouin nous pique et aspire notre sang,
Car pour que ses oeufs se développent, elle a besoin de ce supplément

5

Elle dépose ses oeufs à la surface de l'eau,
Regroupés en minuscules radeaux.

7

Sous l'eau, la tête dirigée vers le fond,
L'oeuf devenu une larve se nourrit de plancton
Et respire à la surface par un siphon.

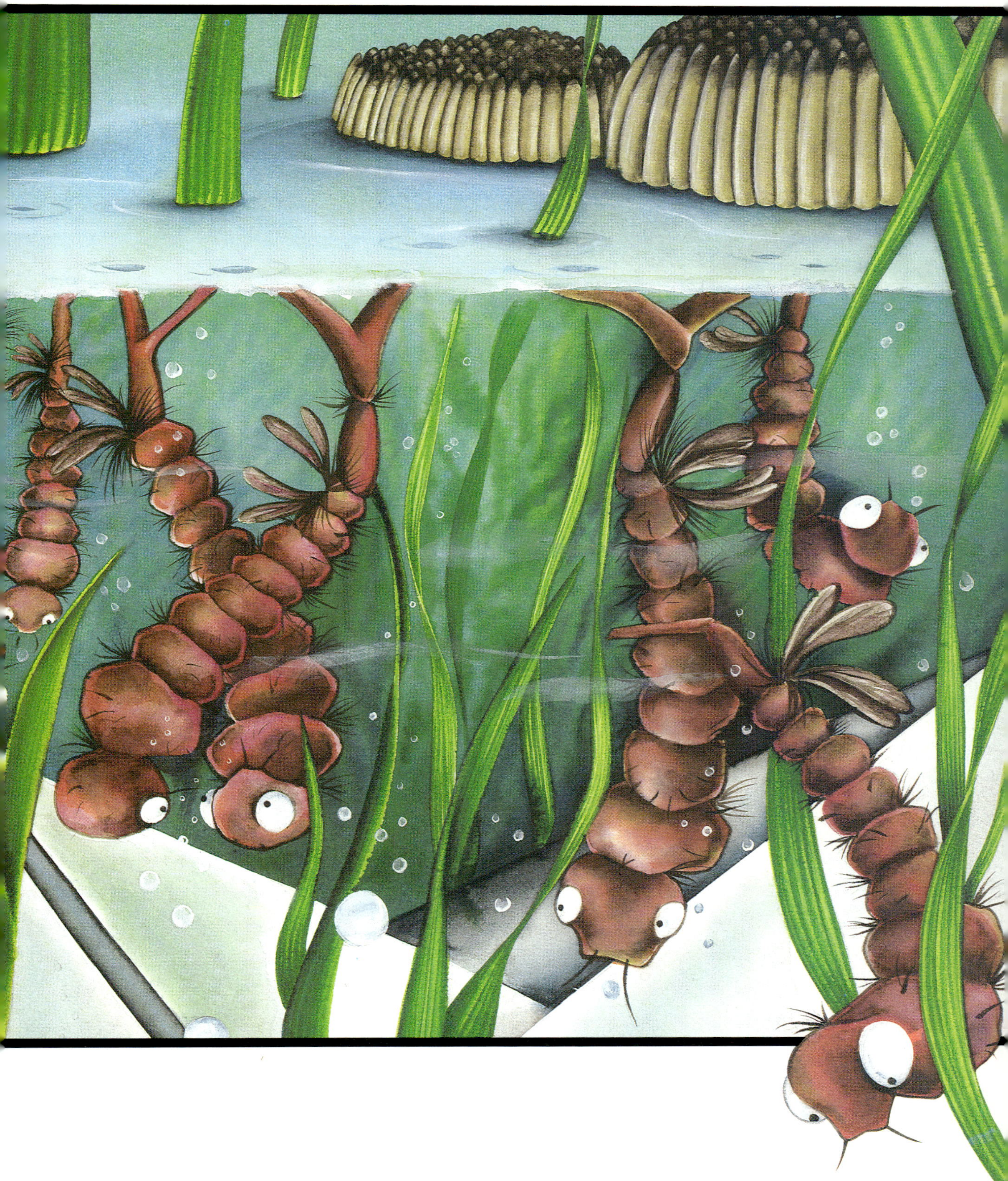

Après s'être complètement transformé,
Le maringouin quitte sa vieille peau, prêt à s'envoler.

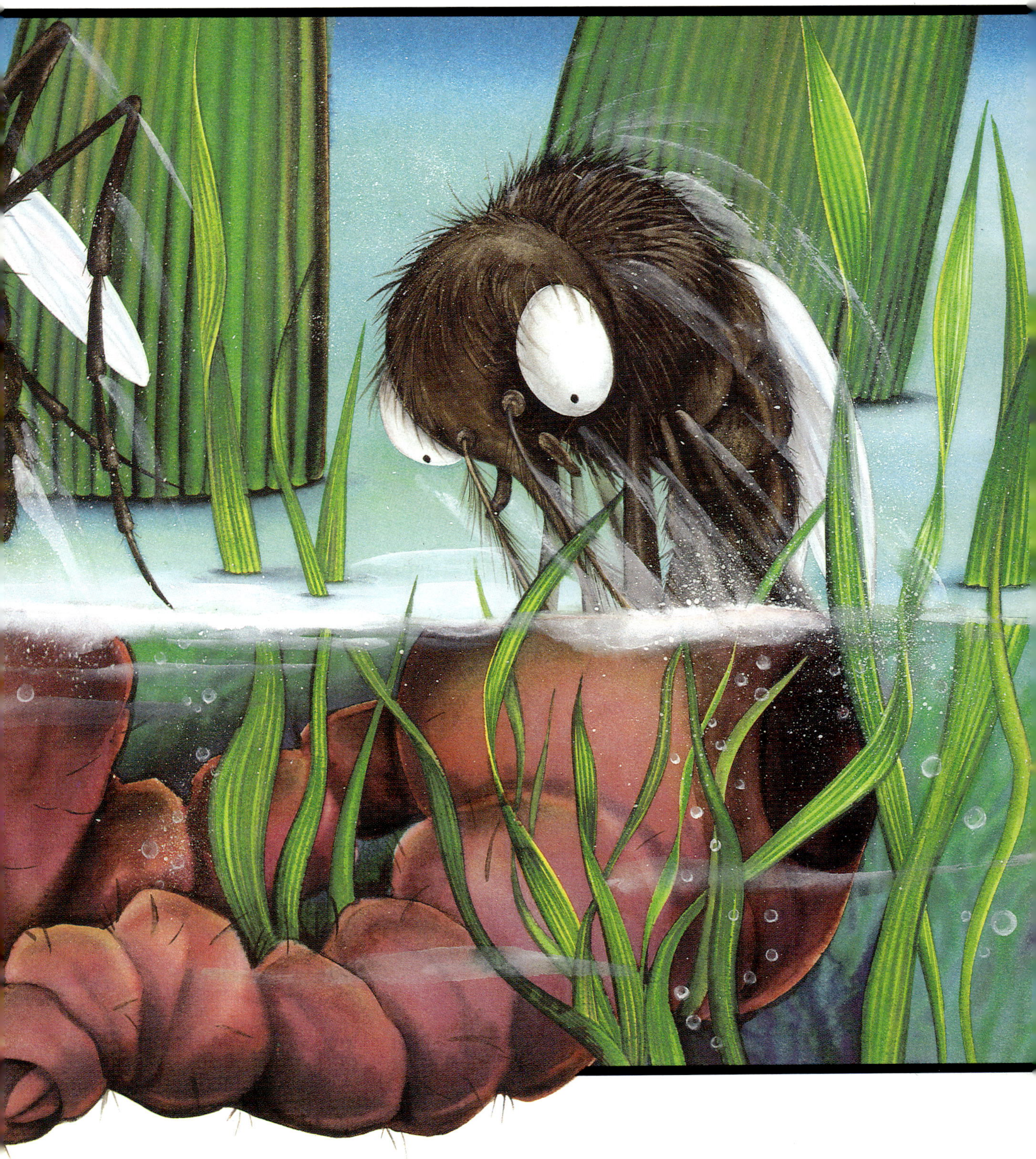

Il nous découvre même dans l'obscurité de la nuit,
À cause de l'odeur de notre corps qui nous trahit.

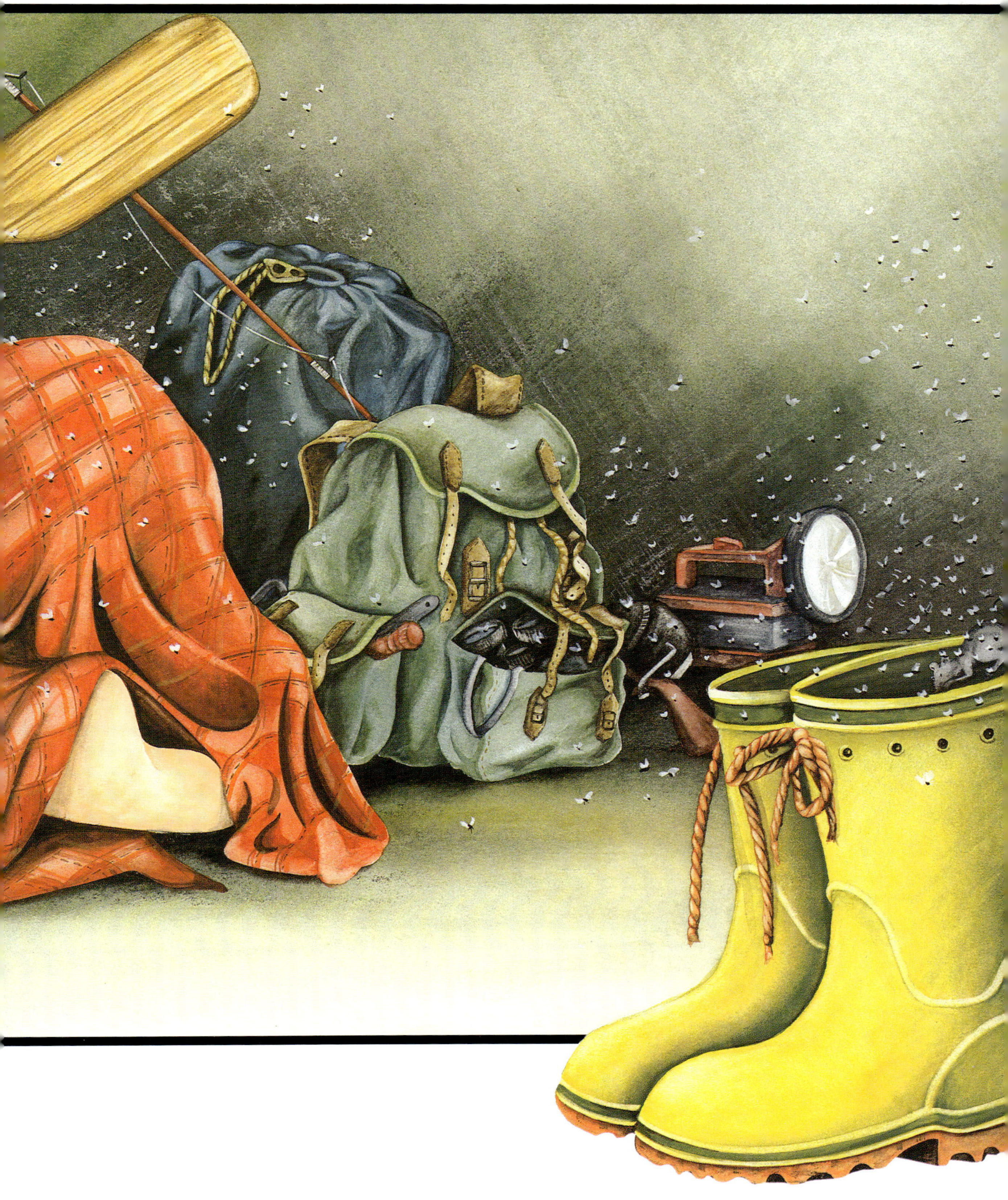

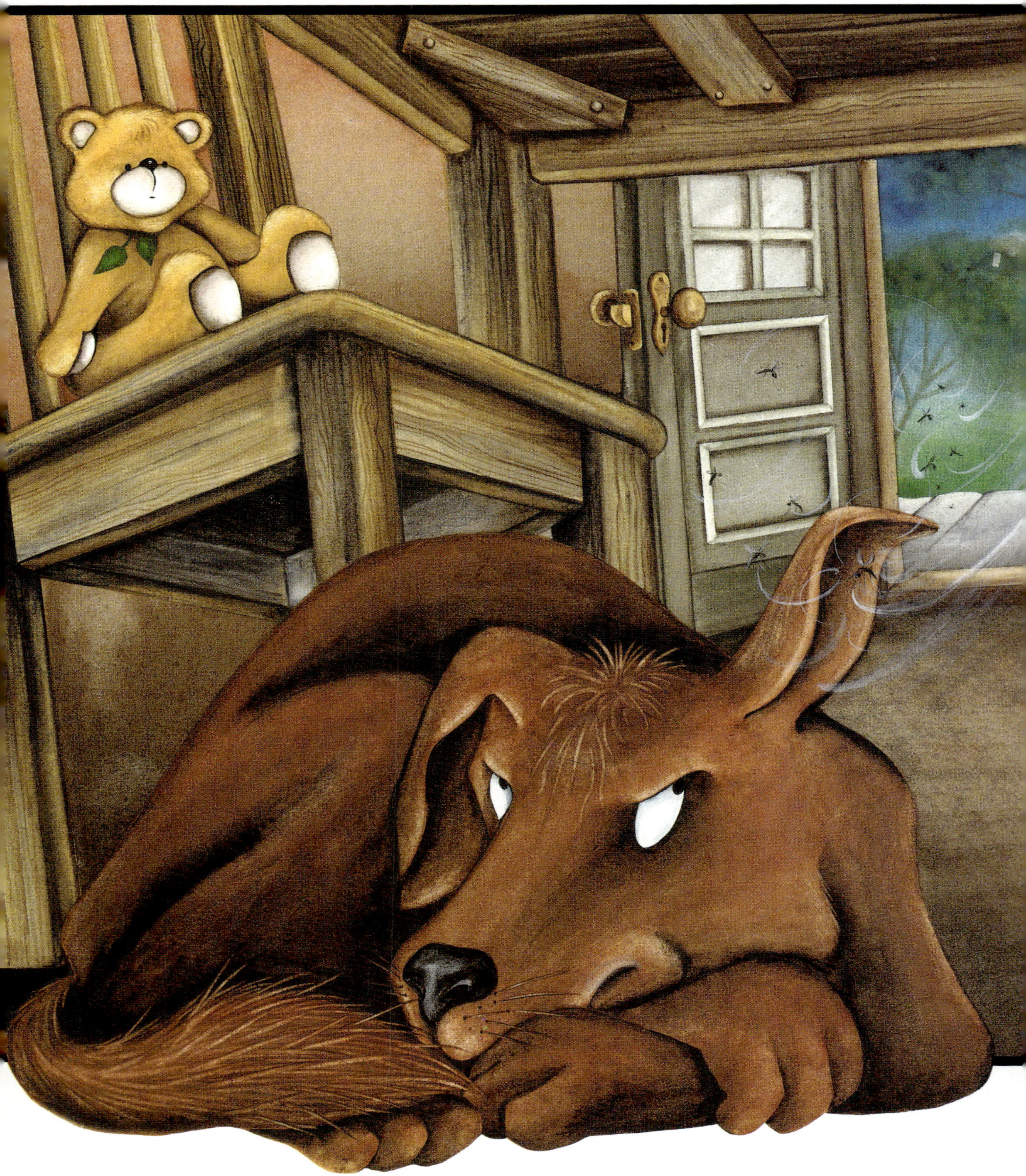

Cette musique caractéristique, que seules font les femelles,
Est due au bourdonnement de ses ailes.
Quand près de nos oreilles nous l'entendons,
Vite nous l'éloignons, ou sinon...

15

Si la piqûre du maringouin nous pique,
C'est qu'à sa salive nous sommes allergiques.

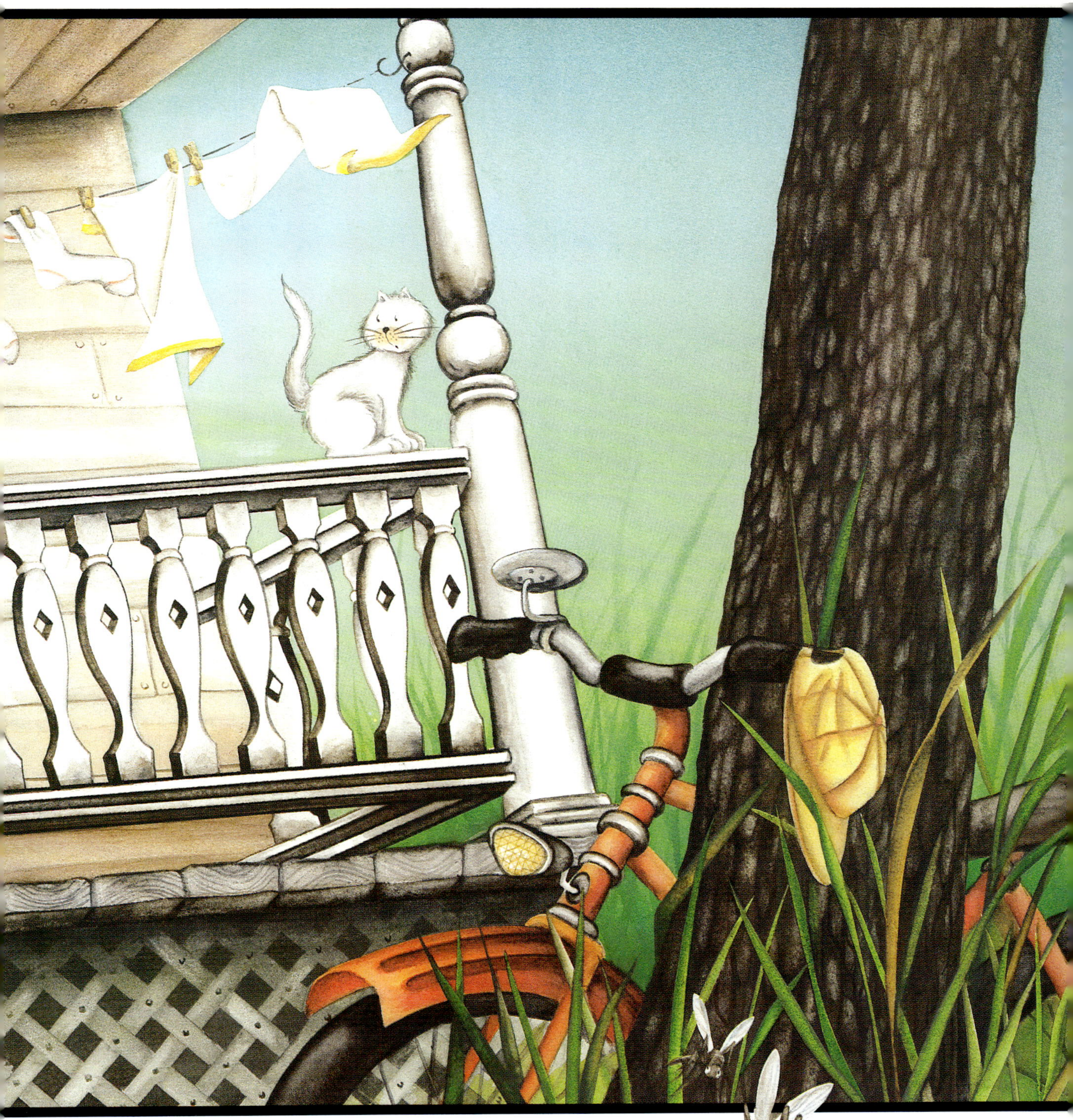
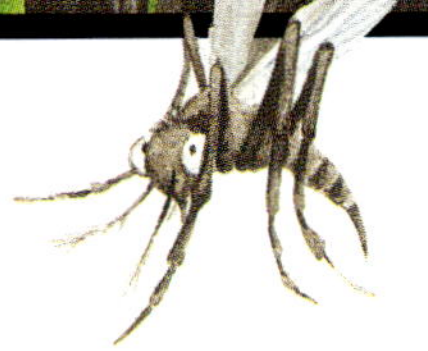

Le mâle choisit, pour se nourrir,
De la sève et du nectar qu'il aspire.

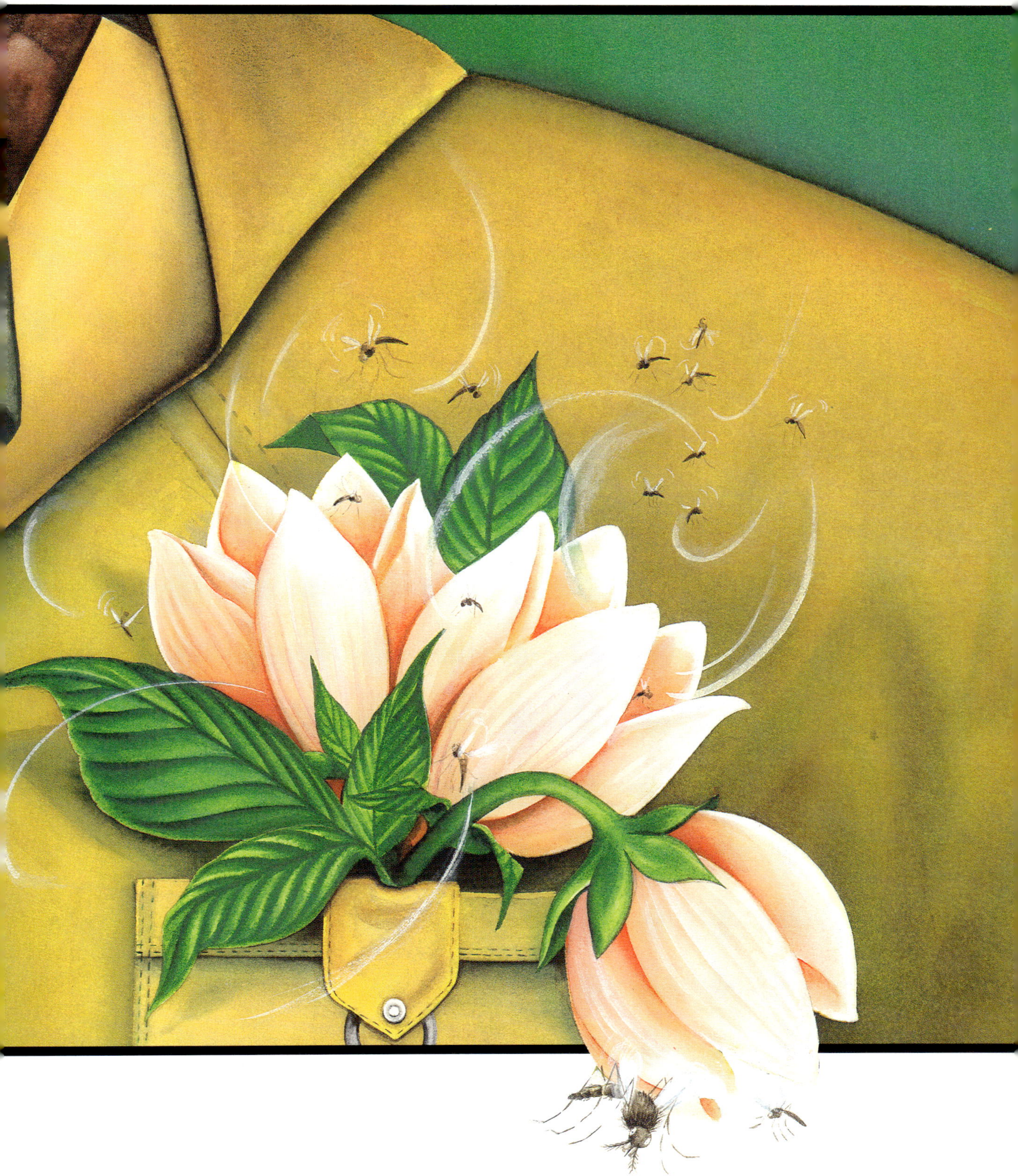

20

Les oiseaux et les grenouilles font partie
De ceux qui mangent les maringouins avec appétit.

Seules les femelles maringouins survivent
Lorsque les nuits froides d'automne arrivent.
Elles hibernent dans des endroits abrités,
Où il y a de la noirceur et de l'humidité.

Dans la même collection:

La coccinelle
Le harfang des neiges
La pieuvre
Le porc-épic
Le pou
Le raton laveur

Données de catalogage avant publication (Canada)

Barrette, Doris

  Le maringouin

  (Ciné-faune)
  Pour enfants.

  ISBN 2-920438-70-0 - ISBN 2-920438-30-1 (br.)

  1. Moustiques - Ouvrages pour la jeunesse.   I. Quintin, Michel, 1953-   . II. Titre.   III. Collection.

QL536.B37 1989   j595.77'1   C90-006457-9

La publication de cet ouvrage a été rendue possible grâce au soutien financier du ministère des Affaires culturelles du Québec et du Conseil des Arts du Canada.

Tous droits de traduction et d'adaptation réservés pour tous les pays.
Toute reproduction d'un extrait quelconque de ce livre, par procédé mécanique ou électronique, y compris la microreproduction, est strictement interdite sans l'autorisation écrite de l'éditeur.

ISBN 2-920438-30-1
Dépôt légal: 3e trimestre 1989
Bibliothèque nationale du Québec
Bibliothèque nationale du Canada

©1989, Éditions Michel Quintin
C.P. 340, Waterloo (Québec) Canada J0E 2N0

Imprimé à Hong-Kong
ISBN 2-920438-70-0   (relié)   10 9 8 7 6 5 4 3 2 1
ISBN 2-920438-30-1   (broché)   10 9 8 7 6 5 4 3 2